Heike Führ wurde 1962 in Mainz geboren, ist verheiratet und hat 2 erwachsene Kinder - seit fast 4 Jahren lebt Seelenhund Smiley bei ihr und ihrem Mann.

Sie ist seit 1994 an Multiple Sklerose erkrankt und führt zur Information darüber eine Webseite, sowie eine gleichnamige sehr lebendig laufende Facebook-Seite. Sie ist mittlerweile eine routinierte Bloggerin und arbeitet für mehrere Projekte.

Sie hat bereits 13 MS-Begleitbücher, 2 Kinderbücher, ein „Glücks-Buch", ein „Hoffnungs-Buch" und ein „Freundschafts-Buch", sowie Kochbücher, u.a. „LOW CARB für UNTERWEGS" geschrieben.

Heike Führ ist ausgebildete Erzieherin mit vielen pädagogischen und psychologischen Fort- und Weiterbildungen. Sie belegte auch mehrere Kurse für „Yoga mit Kindern". Diese intensive Zeit und ihr pädagogisches Wissen prägen auch ihr Schreiben.

http://multiple-arts.com/
http://heikef.jimdo.com

Dieses Buch

ist

Marlene

gewidmet

Heike Führ

"Wieso ist meine Mama immer so müde?"
Smiley bellt „HALLO MS!"
Fatigue

>**Wieso ist meine Mama immer so müde?** Smiley bellt „HALLO MS!"<

© 2017 Heike Führ

Originalausgabe März 2017

© 2017 Herstellung und Verlag:

BoD – Books on Demand, Norderstedt

ISBN: 9783743111608

© 2017 Satz, Layout: Heike Führ

Cover-Foto: ©2015 Ingrid Fey

Alle Rechte vorbehalten.

All Rights reserved - Das Werk darf - auch teilweise - nur mit Genehmigung des Verlags und Autors wiedergegeben werden.

ISBN: 9783743111608

Bibliografische Information der Deutschen Nationalbibliothek: Die Deutsche Nationalbibliothek verzeichnet diese Publikation in der Deutschen Nationalbibliografie; detaillierte bibliografische Daten sind im Internet über http://dnb.de abrufbar. Printed in Germany

Hallo Ihr Lieben,

ich bin`s wieder, Euer Smiley! ☺

Sicherlich kennt Ihr mich schon aus meinen anderen beiden Büchern – wenn nicht, möchte ich mich kurz vorstellen.

Mein Name ist Smiley und mein Frauchen Heike und mein Herrchen Peter haben mich adoptiert.

Das heißt, ich bin eigentlich in Griechenland auf der schönen Insel Santorini geboren, aber ich musste dort alleine auf der Straße leben und niemand hat sich um mich gekümmert. Ein toller Tierschutzverein hat auf dieser Insel ein wundervolles Tierheim gegründet. Dorthin werden die Katzen und Hunde, manchmal sogar Esel, gebracht, wenn sie kein Zuhause haben.

Wenn uns dann ein Tierarzt untersucht hat - so wie Ihr das von Eurem Kinderarzt kennt - und man geimpft wurde und gesund ist, darf man nach Deutschland zu einer Pflegefamilie fliegen. In dieser Pflegefamilie bleibt man so lange, bis man „Adoptiv-Eltern" gefunden hat. Das sind Menschen, die sich um ein Tier kümmern möchten, es bei sich Zuhause aufnehmen und ihm ein schönes Leben bereiten wollen.

Ich hatte viel Glück bei meinen Pflegeeltern und dann kam ich zu meinen Adoptiv-Eltern Heike und Peter. Sie lieben mich sehr und ich fühle mich so wohl bei ihnen. Ich habe ein kuscheliges Hundebett, beziehungsweise eine Decke, weil sie mir noch besser gefiel und darf auch auf der Couch schlafen, was ich ganz besonders liebe. Ich bekomme immer genügend zu essen – und das ist sooo toll! ☺ In Griechenland musste ich mir nämlich mein Essen selbst suchen und hatte so oft Hunger und großen Durst. Nun bekomme ich alles was ich möchte und fühle mich wie im Schlaraffenland.

Das ist herrlich! ☺

Hier liege ich auf meiner Decke ☺

Es ist sogar im Winter warm im Haus! Kennt Ihr das? Mein Frauchen dreht dann an so einem Schalter an einem Gerät. Ich glaube, Ihr Menschen nennt es „Heizung".

Ich muss nun nicht mehr frieren und habe es immer kuschelig warm und gemütlich.

In meinem Buch „Smiley bellt Hallo MS" habe ich Euch ja bereits erzählt, dass mit meinem Frauchen, das ich manchmal „Mama" nenne, etwas anders ist, als mit anderen Mamas.

Meine beiden Hundefreunde Fine und Balou haben mir das ganz genau erklärt: Mein Frauchen hat MS. Das ist die Abkürzung von Multiple Sklerose und es ist eine Krankheit, die wahrscheinlich immer da bleiben wird.

Ich erkläre Euch im nächsten Kapitel nochmal, was MS ist!

Nun wünsche ich Euch viel Freude beim Lesen!
Euer Smiley ☺

Huhu!!! 😊
Habt Ihr auch so eine Kappe?

Aber bevor ich anfange, möchte ich Euch hier mal mein Frauchen zeigen. So liegen wir oft zusammen, wenn sie zu schwach zum Spielen ist. Dann schreibt sie auf ihrem Laptop und ich kuschele mich zu ihr. Das ist soooo schön. ☺

Mein Frauchen und ich kuscheln so oft es geht. ☺
Kuscheln ist nicht so anstrengend!

Was ganz genau MS ist, habe ich ja in meinem anderen Buch schon erklärt, aber falls Du das nicht kennst, möchte ich es hier noch einmal kurz erklären. Und in diesem Buch geht es ja auch hauptsächlich um die große Müdigkeit (genannt „Fatigue"), die Deine Mama hat (oder die Person, die Du kennst, die MS hat).

MS kann jeder Mensch bekommen. Es ist eine Entzündung im Gehirn, die man allerdings von außen nicht sehen kann.

MS heißt: „viele harte Narben". Dies sind aber andere Narben, als Du sie von aufgeschlagenen Knien kennst. Es sind Narben, die im Gehirn oder Rückenmark entstehen. Diese Narben zerstören die Nerven und verhindern somit, dass diese richtig und ordentlich funktionieren können. Deshalb kann es passieren, dass Deine Mama nicht mehr so gut laufen kann oder Fatigue bekommt.

Um diese Entzündungen sehen zu können, muss sich meine Mama in einen Apparat legen, der sich „MRT-Röhre" nennt. Dort werden Fotos von Mamas Gehirn gemacht. Ich habe mir diese Fotos mal angeschaut und tatsächlich: dort sind weiße Flecken zu sehen, die dort nicht hingehören.

MRT-Bild: Die Pfeile zeigen Dir die weißen Flecken:

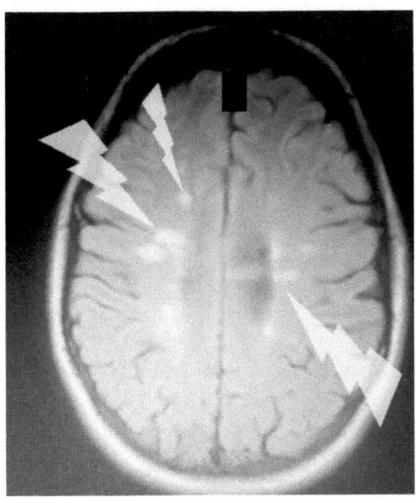

Im MRT kann man dann diese Entzündungen, die nicht mehr weggegangen sind, also sehen: als weiße Flecken.

Das sind die Stellen, die entzündet waren und dann hart wurden und die Nerven beschädigen.

Da das so richtig niemand verstehen kann, stelle Dir einmal ein Stromkabel vor. Dort gibt es das blanke Kabel und um dieses Kabel ist eine Schutzhülle herum.

Jetzt stelle Dir vor, es würde ein Mäuschen kommen, und dieses Kabel anfressen. Dann ist die Schutzhülle beschädigt oder sogar ganz weg. So ist das mit den Entzündungen.

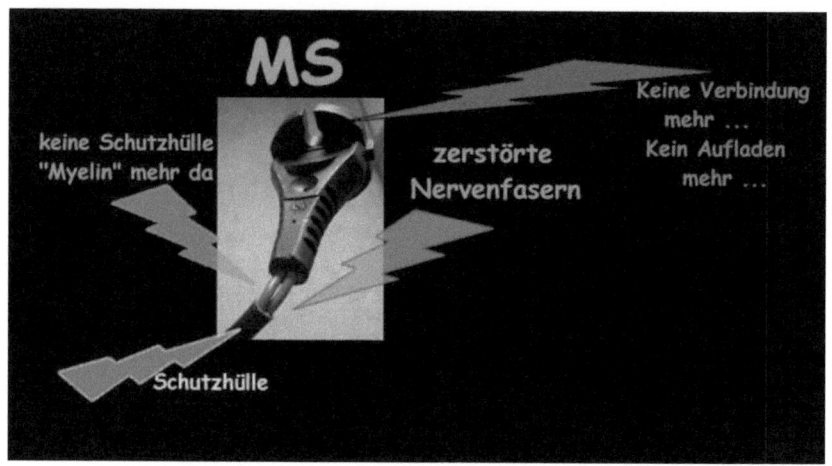

Die Kabel Deiner Mama, das sind die Nervenbahnen und die werden sozusagen „angefressen" – das sind dann die blanken Stellen, die sich entzündet haben.

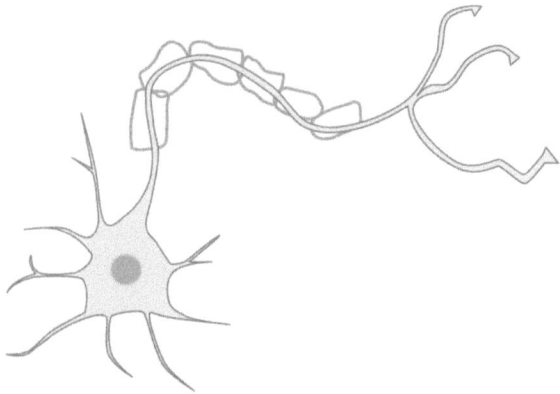

Wenn nun zum Beispiel eine Nervenbahn angefressen wird, die dafür sorgt, dass Deine Mama immer fit ist, ist diese Nervenbahn leider auch kaputt. Deshalb kann es sein, dass Deine Mama nicht mehr so fit, sondern oft müde und erschöpft ist.

Hier ist nochmal ein Bild von den „angeknabberten" Nervenbahnen.

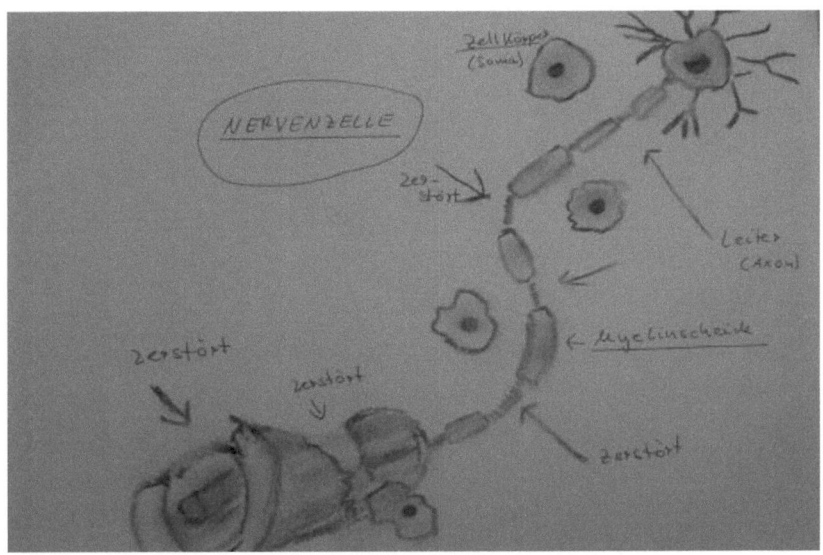

Aber meine Mama macht immer Späße und sie sagt: „Immerhin habe ich den Beweis, dass ich ein Gehirn habe. Auch, wenn es Flecken hat. Andere Leute haben keinen Beweis dafür!". Sie meint dann damit, dass es Leute gibt, die vielleicht so dumm sind, dass man denken könnte, sie hätten gar kein Gehirn. ☺

Aber alle MS`ler haben so viele Fotos von ihrem Gehirn, dass sie immerhin wissen, dass sie eines haben. Es ist gut, wenn meine Mama Witze darüber macht. Denn so eine Krankheit ist nicht wirklich lustig. Wenn man aber Späße darüber macht, können alle mitlachen und man nimmt es nicht so schwer.

Das hat mir alles meine allerbeste Freundin Fine erzählt, und schaut mal, wie schlau sie aussieht:

Fine kann gut lesen, und hat mir erklärt, warum mein Frauchen oft sooo müde ist.

Vielleicht hast Du bei Deiner Mama oder Deinem Papa auch schon bemerkt, dass sie viel Ruhe brauchen. Fines Frauchen Susi braucht nicht so viel Ruhe wie mein Frauchen – sie hat aber auch keine MS. Sie ist gesund.

Menschen, die MS haben, sind sehr oft müde und soooo erschöpft. Meine Mama sagt mir immer, dass sie sich manchmal wie ein Hund fühle, denn Hunde schlafen sehr viel oder zumindest liegen sie gerne gemütlich auf der Couch. Das liebt meine Mama auch. ☺

Menschen, die MS haben, sind schneller müde als andere Menschen.

Bei meinem Frauchen ist das ganz extrem: sobald sie sich etwas angestrengt hat, muss sie sich hinlegen. Manchmal toben wir im Wohnzimmer oder auch im Garten etwas miteinander. Danach ist sie so erschöpft, dass sie sich sofort auf die Couch legen muss. Ich lege mich dann immer zu ihr. Naja, wenn ich ehrlich bin: ich bin ja ein Hund und bin nach dem Toben auch immer müde. ☺ Deshalb kann ich meine Mama auch so gut verstehen. Wir Hunde sind auch immer schnell erschöpft… So sind wir Hunde nun mal. ☺

Wenn wir Gassi gegangen sind, bekomme ich anschließend immer gleich mein Fressen und auch danach legt sich mein Frauchen sofort hin. Aber auch das macht mir nichts aus, denn ich bin dann ja ebenfalls müde und schlafe so gerne gemütlich ein, wenn ich einen langen Spaziergang hinter mich gebracht habe.

Manchmal stolpert mein Frauchen auch beim Gassigehen und fällt hin. Das hat auch mit ihrer MS zu tun, weil die Nervenbahnen zu den Beinen auch nicht mehr richtig funktionieren. Und wenn sie müde ist, passiert das noch schneller. Dann muss sie sogar einen Moment auf dem Boden sitzen bleiben, bis sie wieder aufstehen kann. Ich finde das aber nicht schlimm, sondern setze mich einfach zu ihr. Manchmal lecke ich ihr auch das Gesicht ab. Das tun Hunde, wenn sie jemand sehr gerne haben und trösten möchten. ☺ Dann muss mein Frauchen immer lachen – so kann ich nämlich dafür sorgen, dass sie nicht so sehr traurig ist, sondern kann sie ablenken und aufheitern. Erwachsene fallen ja nicht so gerne hin – das ist ihnen peinlich. Ich verstehe gar nicht warum das so ist. Wenn Fine und ich toben, fallen wir auch hin und schlagen manchmal sogar Purzelbäume. ☺

Wir lachen dann aber. Naja Menschen sind manchmal komisch. ☺ Du fällst bestimmt auch manchmal hin, oder?

Wenn mein Frauchen so erschöpft ist, erklärt sie mir, dass es keine normale Müdigkeit ist, die Du zum Beispiel kennst, wenn Du mittags oder abends müde bist. Sie sagt mir, dass es ein schreckliches Gefühl sei – so, als wenn man gleich in Ohnmacht fallen würde.

Dieses Gefühl nennt man übrigens **Fatigue**. Das spricht sich „Fatiig". Das ist ein ganz häufiges Symptom bei MS. Erschwerend kommt hinzu, dass es ein sogenanntes „unsichtbares" Symptom ist, das heißt, man kann es den Leuten nicht ansehen wenn sie es haben.

Kennst Du Windpocken? Das ist eine Kinderkrankheit und fast alle Kinder haben sie einmal. Da hat man solche Pickelchen auf dem ganzen Körper verteilt, die ganz fürchterlich jucken. Wenn uns dann jemand anschaut, sieht man sofort, dass man Windpocken hat, WEIL man es SIEHT! Fatigue sieht man nicht… Man muss sehr aufmerksam sein und ein gutes Gespür haben, um zu merken, wann die Mama Fatigue hat.

Fine hat im Internet gelesen, was Fatigue ist und wie es sich anfühlt. Ich versuche mal, es Euch zu erklären.

Diese Fatigue ist ein Symptom, dass das Leben in Eurer Familie ziemlich beeinflussen kann.

Es ist wirklich kein normales MÜDE-Sein, sondern es kann sein, dass Eure Mama dann noch nicht einmal mehr die Spülmaschine ein- oder ausräumen kann, sondern sich sofort hinlegen muss, wenn so ein Fatigue-Anfall kommt. Das kann für Dich auch manchmal nicht schön sein: wenn sie beispielsweise beim Spielen plötzlich diese Fatigue bekommt und sich dann ausruhen muss. Aber sei ihr bitte nicht böse – sie kann nichts dafür. Stelle Dir vor, sie hätte plötzlich einen Hautausschlag (wie bei den Windpocken) bekommen – dann würdest Du verstehen, dass sie krank ist und sich schlecht fühlt.

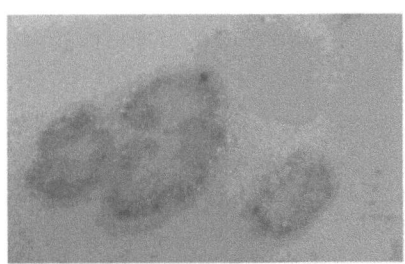

Es hilft bei Fatigue nur, sich auszuruhen und man kann sie nicht einfach überwinden. Die Beine fühlen sich dann an wie Blei, oder wie wenn man mit ständig angezogener Handbremse fahren/laufen müsste; oder wie unter Wasser im Gegenstrom zu laufen. Ganz schön anstrengend, oder???

Fine sagt, dass es sich auch so anfühlen könne, wie wenn man gegen eine Wand anzukämpfen/anzulaufen hätte. Das stelle ich mir komisch vor: gegen eine Wand kann man doch gar nicht anlaufen oder durchlaufen.

Das muss ein schlimmes Gefühl sein, wenn man immer eine Wand vor sich hat. Kein Wunder, dass mein Frauchen immer so erschöpft ist.

Sie bekommt dann auch Gleichgewichtsstörungen (das ist, wenn man plötzlich schwankt und nicht mehr geradeaus gehen kann) und Schwindel, Sehstörungen, und viele der anderen MS-Symptome, die man so kennt.

Mein Frauchen sagt immer, sie fühle sich dann wie von einem Tsunami, oder einer Dampfwalze, oder einem riesengroßen Laster überrollt. Oh je – das möchte ich aber nicht erleben. Und trotzdem lächelt mein Frauchen dann noch. Das finde ich wunderbar. Manchmal ist sie sehr traurig und weint auch, aber das kenne ich auch: wenn ich traurig bin oder mir wehgetan habe, weine ich auch manchmal. Du sicher auch, oder?

Das ist eine Dampfwalze!

Fine hat mir auch erklärt, dass man sich Fatigue so vorstellen kann, wie wenn man eine Grippe und 40°C Fieber hat und dann aber nicht im Bett liegen bleiben dürfte, sondern aufstehen müsste.

Das ist aber eine schreckliche Vorstellung: ich hatte einmal Fieber und eine Entzündung am Zahn.

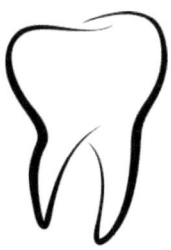

Da war ich aber froh, dass ich den ganzen Tag im Bett liegen bleiben durfte und nur mal zum Pipi machen aufstehen musste.

Wenn ich mir also vorstelle, WIE müde mein Frauchen mit Fatigue ist, wundert es mich nicht, dass sie sooo fertig und auch manchmal traurig ist.

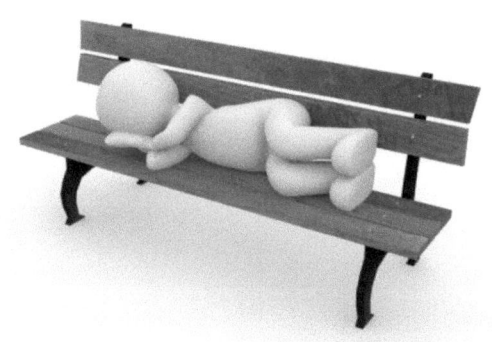

Fine hat auf ihrem tollen Laptop noch eine Erklärung zur Fatigue gefunden: Der Begriff „Fatigue" stammt aus dem Französischen und bedeutet „Müdigkeit" oder „Erschöpfung". Fatigue ist ein dauerndes Gefühl von Müdigkeit, Erschöpfung und Antriebslosigkeit, das sich auch durch viel Schlaf und Ausruhen nicht verändern und auslöschen lässt.

Fatigue kann ganz plötzlich kommen, ohne dass sich Deine Mama angestrengt hat.

Das ist schon ein merkwürdiges Symptom und schwer zu begreifen!

Aber meine süße Fine und das Internet sind ganz schön schlau, oder? ☺

Aber schaut mal, ich bin auch schlau:

Mein Frauchen hat nämlich auch einen Laptop und da habe ich nun auch nachgelesen.

Ich lebe ja nun schon über 3 Jahre bei meinem Frauchen und meinem Herrchen, und ich habe gemerkt, dass es wichtig ist, dass ich bei meinem Frauchen bin, wenn es ihr nicht gut geht. Deshalb passe ich immer auf sie auf.

Ihr Kinder müsst das aber nicht tun, denn Eure Mama (oder der Papa) können ja mit Euch reden. Sie können Euch genau erklären, ob sie Hilfe brauchen oder lieber mal ihre Ruhe haben möchten. Ich verstehe Eure Menschensprache ja nicht so gut, deshalb muss ich immer sehr achtsam sein.

Am besten ist es, wenn Ihr Eure Mama mal fragt, oder mit ihr besprecht, wann Ihr ihr helfen könnt.

Meine Mama hat 2 Kinder und als sie klein waren, haben sie gemeinsam genau besprochen, was wichtig für mein Frauchen ist. Sie brauchte zum Beispiel immer einen Mittagsschlaf und wollte nicht gestört werden, damit sie viel Ruhe hat. Und das hat tatsächlich gut geklappt. Kinder sind toll – DU auch! ☺

Manchmal muss man auf eine andere Person Rücksicht nehmen - oder auch auf ein Tier. Mein Frauchen sagt, dass das sehr wichtig sei. Wenn man mit Mensch und Tier zusammenlebt, muss man immer auf den anderen achten und auch einmal Kompromisse eingehen. Wenn ich zum Beispiel ganz still bin, damit mein Frauchen mittags schlafen kann (ich lege mich dann auch gemütlich hin oder spiele mit meinem Kuscheltier), dann verspricht mir mein Frauchen, dass sie danach etwas mit mir spielt. Das ist ein echter Kompromiss! ☺

Wisst Ihr, was ich Euch aber raten kann?

Wenn Eure Mama so oft müde ist, dann versucht, Euch ihrem Rhythmus anzupassen. Das kann man mit der Zeit lernen. Ich mache das auch immer so. Wenn ich merke, dass es meinem Frauchen gerade nicht gut geht, dann bin ich ganz leise, damit sie ihre Ruhe hat und wenn sie dann wieder fitter ist, frage ich sie vorsichtig, ob sie mit mir spielen kann.

Wir Hunde können ja nicht reden – wir stupsen sie dann mit der Schnauze ganz zart an. ☺

Hier kuschele ich in Ruhe ☺

Schaut mal: auch Hunde können eine Behinderung haben. Das ist dann ihre Art des Rollstuhls oder Rollators.

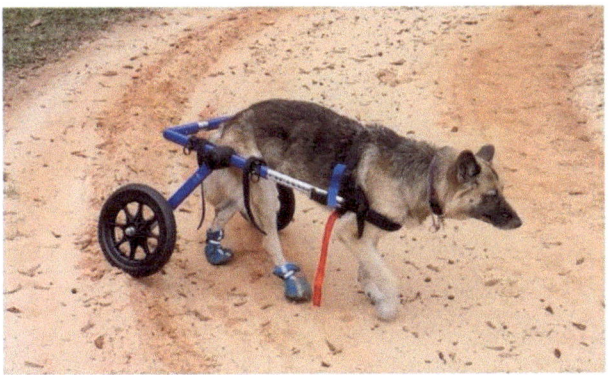

Hier beantworte ich Dir ein paar Fragen. Mir haben schon viele Kinder ganz unterschiedliche Fragen gestellt und diese fasse ich für Dich zusammen.

Was sind „Symptome"?

Das sind die Beschwerden, die bei einer Erkrankung auftreten. Zum Beispiel der Ausschlag bei den Windpocken, oder auch die Fatigue bei MS.

Was können „Symptome" bei MS sein?

Zum einen kann es die Fatigue sein, um die es hier hauptsächlich geht.
Dann kann es sein, dass Deine Mama wackeliger läuft, sich oft festhalten muss oder einen Rollator/Stock braucht.
Manchmal zittern vielleicht auch ihre Hände. Das kann sie dann auch nicht beeinflussen.
Vielleicht sieht Deine Mama auch schlechter, denn die MS macht sich oft auch in den Augen bemerkbar. Bei meinem Frauchen war es sogar mal so, dass das linke Auge ganz

blind war. Aber das ist heute wieder ok. Da hat sie Glück gehabt. Und ich auch, denn ich mache so gerne lustige Gesichter, um sie aufzuheitern. Zum Glück kann sie das sehen! ☺

Manchmal fühlt sich ihr ganzer Körper so schwer und steif an. Dann sagt sie immer, sie habe das Gefühl, zig Zentner Blei mit sich herumzuschleppen.

Natürlich gibt es noch tausend andere Symptome. Vielleicht kann Dir Deine Mama dazu noch etwas erzählen.

Was ist ein Schub?

In den häufigsten Fällen bei MS verläuft die Krankheit nicht gleichmäßig, sondern in Schüben. Dann sind im Gehirn oder Rückenmark wieder neue Entzündungen entstanden, die neue Beschwerden auslösen. Der Schub ist dabei eine relativ plötzlich einsetzende Phase, in der die Krankheit aktiver wird und der Zustand sich verschlechtert. Danach kann es aber auch wieder besser werden.

Warum hat meine Mama MS bekommen?

Das weiß so genau niemand. Man weiß nur, dass das Immunsystem bei Menschen, die MS haben, nicht richtig arbeitet und das ist nicht gut, denn das Immunsystem ist so eine Art „Polizei" in unserem Körper, die darauf achtet, dass man nicht krank wird. Wenn nun dieses Immunsystem nicht mehr richtig arbeitet, kann man auch schneller krank werden.

Was ist das „Zentrale Nervensystem"?

Man nennt das Gehirn und das Rückenmark das „Zentrale Nervensystem". Es ist unter anderem dafür da, die Signale zwischen dem Gehirn und den Muskeln und Organen weiterzuleiten.

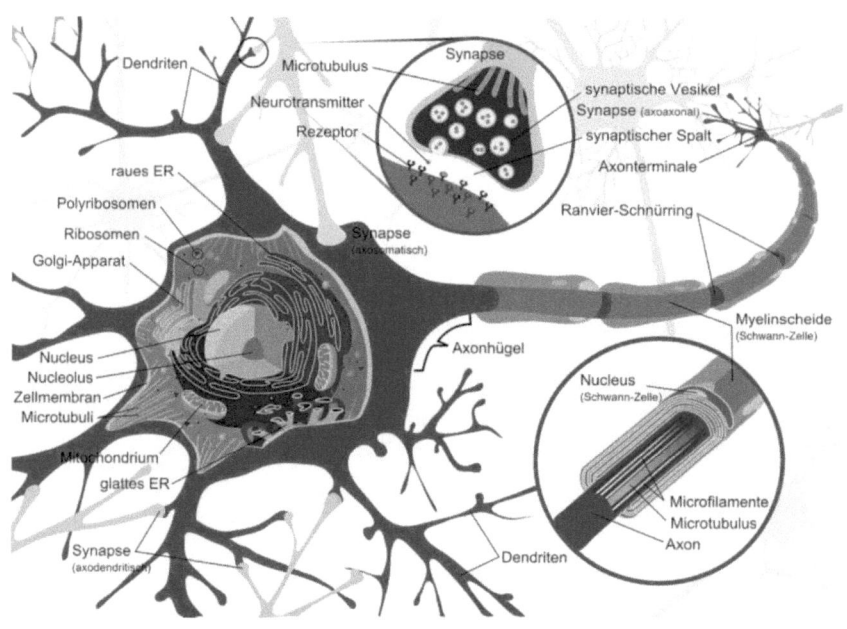

Dies ist ein sehr kompliziertes Bild, aber es zeigt die Nerven und ihre Umhüllungen.

Was ist ein MRT?

MRT = Magnetresonanztomographie

Eine MRT-Röhre ist ein Gerät, in die der Patient hineingeschoben wird.

So in etwas sieht das aus:

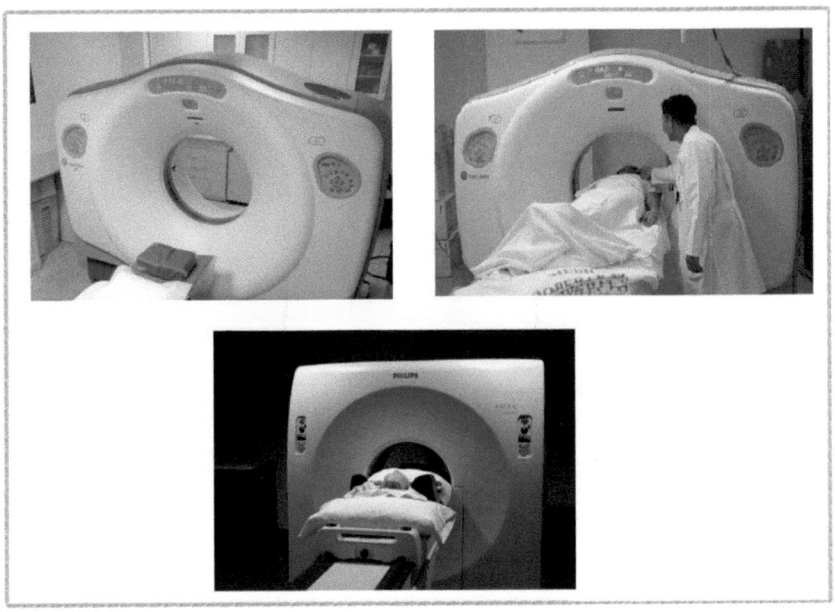

Dort werden beispielsweise bei MS „Fotos" vom Kopf oder von der Wirbelsäule gemacht.

Die Untersuchung tut gar nicht weh – auch wenn das Gerät so komisch aussieht. Es ist nur sehr laut darin und deshalb bekommt man Ohren-Stöpsel zum Schutz!

Ein MRT-Foto vom Kopf kann so aussehen:
Ulkig, oder? ☺

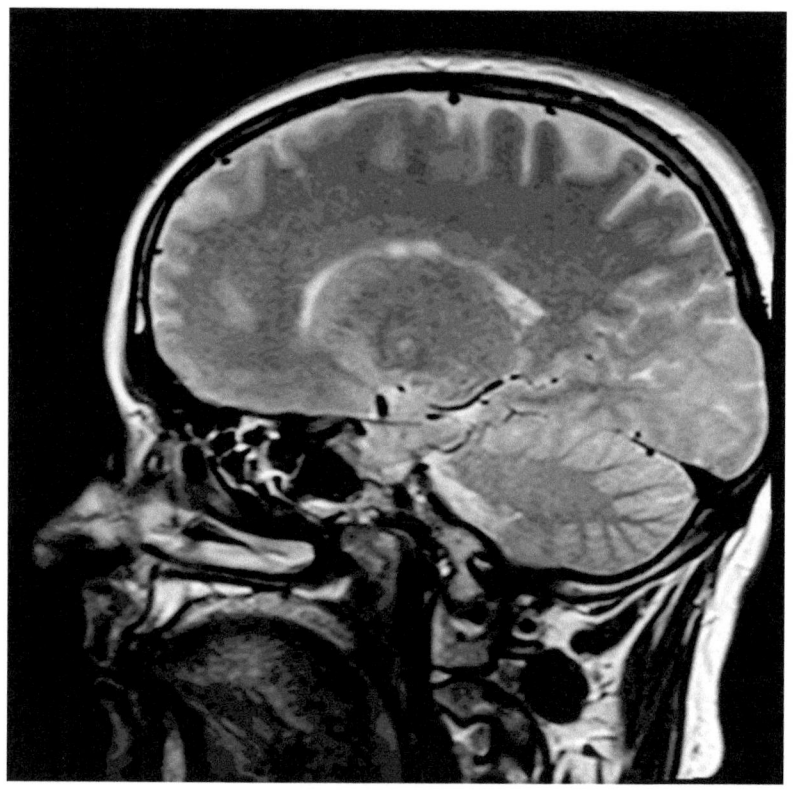

Schaue Dir nochmal das Foto auf Seite 15 an: dort sieht man genau die weißen Flecken (die Entzündungen/Narben), die dort nicht hingehören.

Was ist eigentlich ein „Patient"?

Das ist der Kranke, der von einem Arzt behandelt wird. Wenn Du eine Erkältung hast und zum Kinderarzt gehen musst, bist Du sein Patient.

Was ist ein Neurologe?

Ein Neurologe ist ein Fach-Arzt, der sich auf Krankheiten wie MS spezialisiert hat, besonders viel darüber weiß und deshalb auch besonders gut helfen kann.

Muss meine Mama nun öfters mal ins Krankenhaus?

Das kann sein. Wenn sie einen neuen Schub hat und ihr Arzt (Neurologe) diesen nicht behandeln kann, muss sie vielleicht auch einmal wieder ins Krankenhaus.

Manchmal dürfen die Mamas auch eine „Reha" machen – das ist fast wie ein Krankenhaus, aber dort lernen sie ganz viel, um besser mit ihrer MS umgehen zu können. Wenn Deine Mama beispielsweise nicht mehr gut laufen kann, lernt sie dort, wie sie es am besten schafft, wieder zu laufen und es helfen ihr dabei ganz viele Ärzte und Therapeuten.

Ist MS ansteckend?

NEIN, absolut nicht! Weder Du musst Angst haben Dich anzustecken, noch Deine Familie und auch nicht Deine Freunde. Das ist doch schon mal toll, oder? Ich als Hund kann mich auch nicht anstecken. ☺

(Wobei ich manchmal mit meinem Frauchen lache, weil ich auch ab und zu mal wackelig bin… Dann sage ich ihr immer: „Ich habe bestimmt auch MS!" – Dann müssen wir beide lachen. ☺)

Hat jemand Schuld, dass meine Mama MS hat?

Nein! Niemand hat Schuld! Auch wenn man nicht weiß, woher genau diese Krankheit MS kommt - eins weiß man sicher: es hat niemand Schuld daran. Auch DU nicht!!! ☺

Wieso heißt MS auch „Die Krankheit der 1000 Gesichter"?

MS verläuft bei jedem Menschen ganz unterschiedlich. Manche Menschen haben kaum Beschwerden; andere haben viele Probleme oder Schmerzen; manche können nicht laufen oder schlechter sehen, oder man hat beispielsweise Fatigue – oder auch alles zusammen. Und da dies wirklich völlig unterschiedlich ist, sagt man, die MS habe 1000 Gesichter.

Hier sind noch ein paar unterschiedliche Gesichter! ☺

Was können wir in der Familie tun, damit es Mama nicht so schlecht geht?

Es ist wichtig für Dich zu wissen, dass man nicht direkt etwas tun kann, weil die MS ja einfach da ist. Aber Du kannst immer mit Deiner Mama und Deiner Familie reden. Du kannst fragen, was jetzt helfen würde und vielleicht sogar, wenn Du alt genug bist, mal die Spülmaschine ausräumen. ☺ Ab und zu muss man wirklich Rücksicht nehmen – das ist wichtig. Vor allem, wenn Deine Mama mal einen schlechten MS-Tag hat – das gibt es nämlich auch. Nicht jeder Tag ist gleich und bei MS kann sich das ziemlich schnell verändern.

Manchmal kannst Du Deiner Mama vielleicht helfen, diese „Wand", gegen die sie anläuft, zu überwinden. ☺ Frage sie einfach mal. ☺

Kann man an MS sterben?

NEIN! MS ist keine tödliche Krankheit, auch wenn man sie ein Leben lang hat. Die MS kann im Laufe der Jahre schlechter werden, aber Deine Mama lebt genauso lange wie jede andere Mama auch! ☺

Wie ist das mit den Nerven und der Schutzschicht?

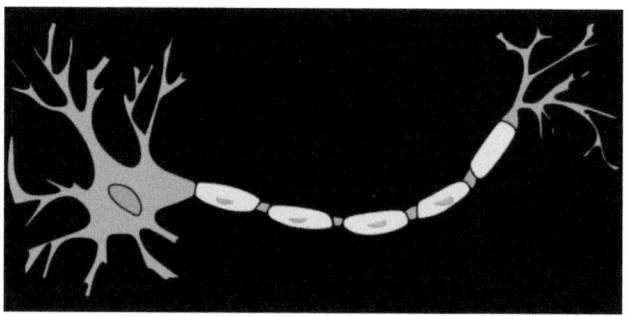

Nervenbahnen sind von einer Schutzschicht umhüllt. (Schaue Dir nochmal das Bild mit dem Kabel und dem Stecker an). Solange die Schutzschicht gesund ist, ist alles ok, aber wenn sie „angeknabbert" wurde gibt es Probleme.

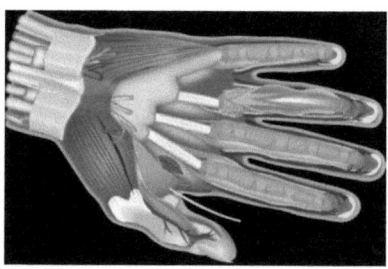

Wenn Du Dir die Hand anschaust, siehst Du, wie die Nervenbahnen verlaufen.

Wenn die Nervenleitbahnen nun unterbrochen werden, dann können die Signale nicht mehr einwandfrei weitergeleitet werden, sondern bleiben quasi stecken. Sie verbinden nämlich wie Leitungen die jeweiligen Stellen im Körper mit dem Gehirn oder Rückenmark. Je nachdem, wo so ein Entzündungsherd sitzt, der dies ausgelöst hat, wird Deine Mama dann das Problem haben: entweder kann sie beispielsweise schlecht sehen, oder den Arm, die Hand oder die Finger nicht mehr richtig bewegen, oder sie kann dann auch Fatigue haben.

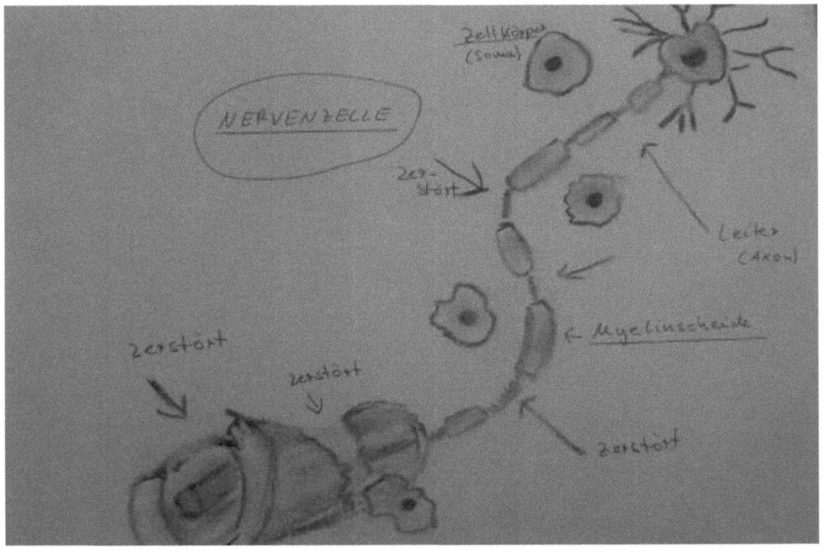

Und wenn Du Dir das Bild auf der nächsten Seite anschaust, siehst Du, wo die Nervenbahnen überall hinführen. Wenn diese Nervenbahnen dann unterbrochen wurden (durch eine Entzündung), ist es kein Wunder, wenn Deine Mama vielleicht den Arm nicht mehr gut bewegen kann.

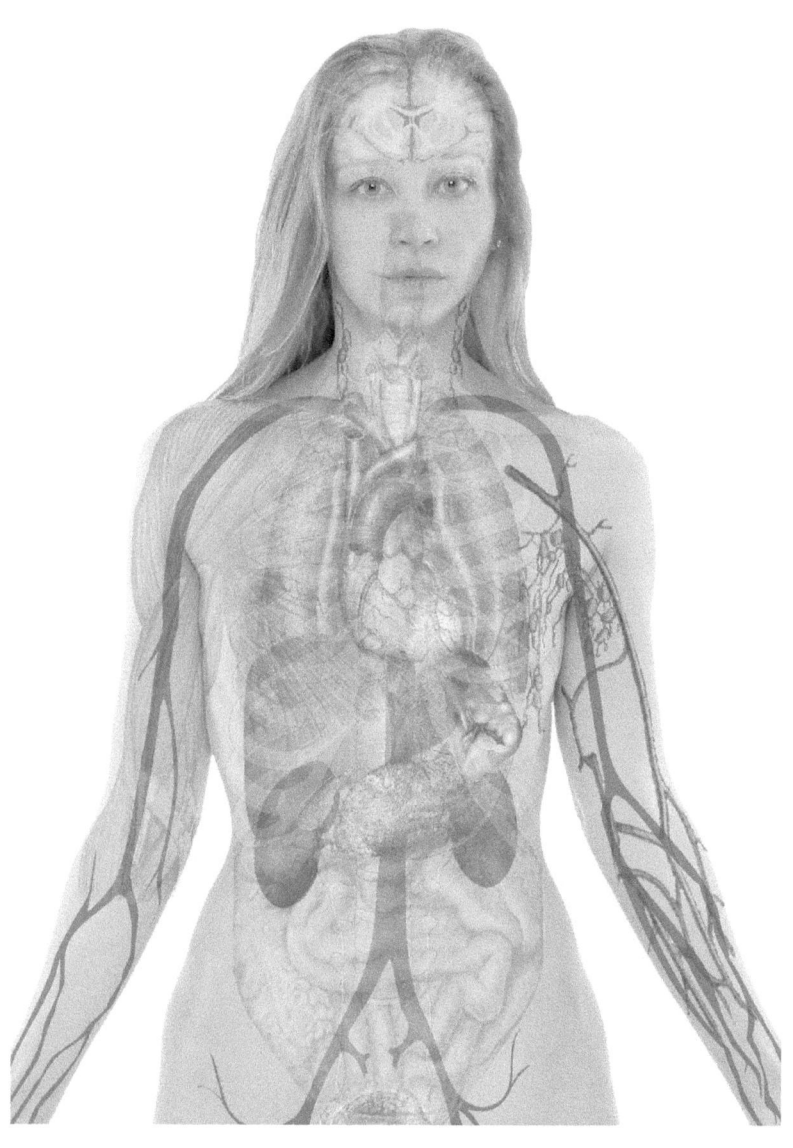

Wie erzähle ich meinen Freunden, was mit meiner Mama los ist?

Manchmal ist es eine schwierige Entscheidung, ob man seinen Freunden etwas erzählt oder auch erzählen möchte. Aber Deine Freunde sind stark und können es gut aushalten, wenn Du ihnen erzählst, dass Deine Mama eine Krankheit hat. Oft ist es ja auch so, dass sich manche Freunde vielleicht schon wundern, warum Deine Mama manchmal hinkt oder andere Beeinträchtigungen hat, die man sehen kann; oder warum sie so viel Ruhe braucht. Wenn Du ihnen erklärst, warum das so ist, werden sie es besser verstehen.

Und wenn es Dir einmal nicht gut geht, weil Du traurig bist, dass es Deiner Mama nicht gut geht - oder weil Du auch mal wütend bist, dass sie irgendwas mit Dir nicht machen konnte (weil sie wieder Fatigue hatte), dann ist es doch auch toll, wenn Du Deinen Freunden davon erzählen kannst. Das wird Dir gut tun. Ich mache das mit Fine so: wir erzählen uns immer unsere Probleme und trösten uns dann gegenseitig das ist sehr schön. ☺

Hier sagt mir Fine, dass es gut ist, dass ich mit ihr über die MS meiner Mama gesprochen habe. ☺

Muss meine Mama mal im Rollstuhl sitzen?

Nicht jeder, der MS hat, muss im Rollstuhl sitzen. Noch nicht einmal die Hälfte aller MS`ler sitzen im Rollstuhl.

Mein Frauchen hat eine Freundin, die im Rollstuhl sitzt. Das ist gar nicht schlimm, wir schieben sie dann immer zusammen und ich laufe dann auch ganz besonders brav nebenher.

Und außerdem kann man auch mit Rollstuhl Spaß haben!

Wird es mir immer gut gehen?

Keinem Menschen geht es immer gut, auch ganz gesunden Menschen nicht. Das gehört einfach zum Leben. Dir wird es manchmal nicht gut gehen, Du wirst auch mal traurig und wütend sein, dass ausgerechnet Deine Mama MS hat… Du wirst vielleicht deswegen auch mal weinen, aber das ist normal. Denn schön ist so eine Erkrankung nicht. Man kann aber mit der Familie und lieben Freunden darüber reden und sich das Leben trotzdem so schön wie möglich machen. Ich rede oft mit Fine und manchmal auch mit meinem Herrchen darüber. Er streichelt mich dann immer ganz lieb und sagt: „Wir schaffen das!". Fine kuschelt dann immer mit mir und danach toben wir ganz doll. Dann habe ich es schon wieder vergessen und kann fröhlich sein.

Ich liebe mein Frauchen und mir ist es egal, ob sie krank oder gesund ist und ob sie MS hat. Sie ist meine Mama und deshalb habe ich sie lieb. ☺

Sie sagt auch immer, dass sie auf ihre beiden Kinder, die jetzt schon erwachsen sin, so stolz sei. Denn sie sind, als sie klein waren, ganz toll mit der MS umgegangen. Deshalb sind sie jetzt auch ganz besondere Erwachsene! ☺ Das wirst DU auch werden! ☺

Ist MS vererbbar? Kann ich auch MS bekommen?

MS ist nicht vererbbar. Blonde oder braune Haare sind vererbbar, aber MS nicht. Trotzdem tritt sie in manchen Familien mehrfach auf – man weiß noch nicht genau, warum das so ist. Aber nur, weil Deine Mama MS hat, musst Du nicht auch MS bekommen! ☺

Bleibt die MS für immer da?

Bis jetzt gibt es noch kein Mittel, das die MS vertreiben kann. Leider. Das heißt, sie bleibt ein Leben lang. Aber die Wissenschaftler bemühen sich sehr, ein Medikament zu finden, das die MS heilen kann.

Was ist dieses „Kribbeln"?

Fine hat mir das so erklärt: Stelle Dir vor, Du hast „eingeschlafene Füße" – kennst Du das: Wenn sie dann so komisch kribbeln? So als ob Ameisen über Dich laufen würden… So ist das Gefühl in etwa.

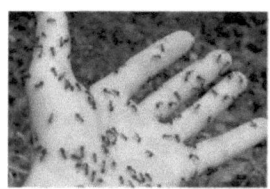

Deine Mama kann eventuell auch nicht den Unterschied zwischen „warm und kalt" spüren… Das gehört alles zum „Kribbeln" dazu.

Tschüss und wuff wuff Ihr Lieben! ☺

Ich hoffe, ich konnte Euch die MS und vor allem die Fatigue nochmal ein bisschen erklären und Ihr versteht nun Eure Mama (oder den Papa, die Oma usw.) besser.

Niemand ist absichtlich krank und niemand möchte gerne immer sooo schrecklich müde sein! Eure Mama wäre auch lieber ganz normal fit und wach und könnte am liebsten alles mit Euch tun, was Ihr Euch auch wünscht.

Mein Frauchen ist auch manchmal traurig, dass sie nicht immer mit mir toben kann. Und ich bin deshalb auch manchmal sehr traurig. Aber trotzdem haben wir uns sehr sehr lieb und wir finden immer andere Wege, etwas zusammen zu machen und manchmal ist das „Andere" dann sogar schöner und intensiver. Wir wissen einfach, wie wertvoll wir alle füreinander sind und das ist etwas ganz Besonderes!

Deshalb versuchen wir alle, so normal wie möglich zu leben. Das tut auch Mama gut, denn je selbstverständlicher unsere Familie mit der MS umgeht, umso einfacher wird es.

Mein Frauchen möchte ja auch nicht immer geschont werden – nur, wenn es notwendig ist! Und das kann man besprechen – dann weiß jeder Bescheid! ☺

Und schaut mal: Hier war ich einmal krank. Das war aufregend! Seht Ihr, wie mein Beinchen verbunden ist?

Wir mussten zu einem Tierarzt fahren, da ich gaaaanz schlimme Schmerzen in meiner Pfote hatte. Das ist beim Gassigehen passiert und es kam ganz plötzlich. Ich konnte nicht mehr laufen und bin nur noch hinkend „gehoppelt". Mein Frauchen hat nichts an meiner Pfote entdeckt, aber ich habe versucht ihr klar zu machen, dass ich starke Schmerzen habe. Dann hat sie mein Herrchen angerufen und er hat uns mit dem Auto abgeholt, da ich ja nicht mehr laufen konnte und sie haben mich zum Tierarzt gebracht. Dort war ich dann ein „Patient"!

Der Tierarzt hat festgestellt, dass mich vermutlich eine Biene in die Pfote gestochen hatte. Ich bekam Medikamente, eine Spritze und eine Salbe verabreicht. Mein Frauchen musste mir zu Hause mehrmals den Verband wechseln. Abends ging es mir dann schon besser und ich konnte auch wieder laufen. Was ein Glück!

Hier seht Ihr mein zweites Buch. In diesem Büchlein erzähle ich gar nichts über MS, sondern berichte aus meinem lustigen und spannenden Hundeleben, von meinen Freunden, witzigen Entdeckungen, von der Spielstunde, in die ich regelmäßig gehe und von vielen weiteren ulkigen Erlebnissen. Vielleicht habt Ihr ja Lust, es Euch einmal anzuschauen.

Hier ist der Link zu meinem Tierschutzverein:

www.tierschutzverein-santorini.de

LINKS

http://www.multiple-arts.com
http://www.dmsg.de
https://www.amsel.de
http://www.deutsche-fatigue-gesellschaft.de/oeffentlich/040200_fatigue.html

<

BÜCHER der Autorin

FATIGUE und UHTHOFF-Phänomen:

    MS (Multiple Sklerose) ist die Krankheit mit den 1000 Gesichtern. Autorin Heike Führ hat bereits 5 MS-Begleitbücher geschrieben und widmet sich hier jenen zwei UNSICHTBAREN Symptomen der MS, die sie aus eigener Erfahrung sehr gut kennt. Denn gerade die unsichtbaren Symptome schränken das Leben eines MS`lers ein, da sie man ihnen oft nicht glaubt. Die Fatigue und das Uhthoff-Phänomen belasten den MS- Alltag teilweise so allumgreifend und zerstörerisch, dass viele Betroffene bereits früh die Erwerbsminderungsrente erhalten und ihr Leben nach diesen beiden Symptomen ausrichten müssen.

Mit wichtigen fachlichen Infos und ihren Geschichten beschreibt die Autorin diese beiden Symptome – einmal sachlich, dann wieder emotional und humorvoll. MS`ler werden sich in den Texten wiederfinden und Angehörige können endlich diese schrecklichen Symptome verstehen. www.multiple-arts.com
ISBN-10: 3955550672, Euro: 8,90.-
30% des Kaufpreises gehen direkt an BAER / DMSG NRW Zu Gunsten Kindern mit MS.
Zu beziehen über Esch-Verlag / www.lesend-helfen.de und überall im Handel.

GRENZENLOSE ERSCHÖPFUNG
FATIGUE

FATIGUE kennt die Autorin sehr gut, denn sie ist seit 1994 an Multiple Sklerose (MS) erkrankt und leidet hauptsächlich unter diesem schrecklichen Symptom. Mit klarer Benennung der Symptome und mit viel Engagement und Emotionalität widmet sie sich erneut dem Thema "Fatigue" und schafft somit einen Ratgeber für Betroffene und deren Angehörige. Mit gewohntem Esprit und Humor informiert sie sowohl sachlich und fachlich, als auch durch eigene Erfahrungen. Betroffene werden sich mit Sicherheit wiedererkennen und Angehörige werden nun dieses unkalkulierbare und so erschöpfende Symptom, das die Lebensqualität erheblich beeinträchtigen kann, verstehen lernen.
ISBN: 978-3743142459
6,99€

HALLO MS
Broschiert: 243 Seiten
Verlag: A.S. Rosengarten-Verlag (30. April 2014)
ISBN-10: 3945015073

Fachbegriffe bei MS
Taschenbuch: 88 Seiten
Verlag: A.S. Rosengarten-Verlag; Auflage: 1. (3. April 2015)
ISBN-10: 3945015162

UNSICHTBARE Symptome
Taschenbuch: 84 Seiten
Verlag: Books on Demand; Auflage: 1 (22. Januar 2015)
ISBN-10: 3734755646

SEXUALITÄT – Tipps für chronisch Kranke
Taschenbuch: 68 Seiten
Verlag: Books on Demand; Auflage: 1 (24. September 2014)
ISBN-10: 3735793991

Smiley bellt HALLO MS
52 z.T. farbige Seiten
ISBN 978-3-7347-6730-2
€ 5,50 (DER ERLÖS aus diesem Kinderbuch geht direkt und vollkommen an den Tierschutz-Verein Santorini e.V.)

„Die Reise zum Glück"
204 z.T. farbige Seiten
Verlag: BoD
ISBN: 9-783739-200897

Hoffnung - vom Pessimisten zum Optimisten
148 Seiten
ISBN 978-3-7431-0181-4

„Alltags-Tipps bei Multiple Sklerose"
Verlag: BoD
128 Seiten
ISBN: 9783739224664

JUVENILE MS / Kinder mit MS
ISBN: 9 783739 228792

Bewältigung chronischer Krankheiten und Depressionen / Für Angehörige und Betroffene

Verlag: BoD
ISBN 9783739245331
228 (23 farbige) Seiten

SMILEY – der kleine Frechdachs mag nicht duschen

108 z.T. farbige Seiten
ISBN 978-3-7392-4325-2

„Der Tanz durchs Leben"

284 zum Teil farbige Seiten
Verlag: BoD
ISBN 9783842350564

FREUNDSCHAFT

164 Seiten
ISBN 978-3-7412-3810-9

GEDÄCHTNIS-Störungen / Kognitive Leistungsstörungen bei MS

152 Seiten
ISBN 978-3-8482-2160-8

LOW CARB für UNTERWEGS

84 Seiten, ISBN 978-3-7386-1713-9

LOW CARB VEGETARISCH & schnell

92 Seiten, ISBN 978-3-7412-7127-4